guru tattva
गुरु तत्व

A SPIRITUAL JOURNEY...
(TRUE ESSENCE OF A SPIRITUAL MASTER)
एक आध्यात्मिक यात्रा

SHWETA RAJPUT
श्वेता राजपूत

notionpress.com
INDIA · SINGAPORE · MALAYSIA

ISBN

Hardcase 979-8-90510-072-7
Paperback 979-8-90510-071-0

Contents

हिंदी

हिंदी

"इस माध्यम से आप स्वयँ से ईश्वर तक की यात्रा के रहस्य के मुख्य पहलू समझने में सक्षम हों।"

आभार

यह पुस्तक मेरे गुरुदेव को समर्पित है जो इस जीवन-यात्रा में सदैव मेरे साथ हैं और सदा सर्वभलाई और सबके हित की मँगलकामना करने की प्रेरणा देते हैं।

लेखक परिचय

मुझे बचपन से ही लिखने का शौंक रहा है। अपने हर जज्बात, सोच और भावनाओं को शब्दों में पिरोकर व्यक्त करने का खास शौंक!

नमस्ते! मेरा नाम श्वेता राजपूत है और मैं लुधियाना, पँजाब से हूँ। Graduation के बाद interior and architectural designing, handcrafts, creative skills, lifeskills, yoga और इन सबके बीच शादी, एक अच्छा परिवार और फिर दो बड़े ही प्यारे बच्चे और इस यात्रा में योग और ध्यान के साथ-साथ एक चीज हमेशा साथ रही-मेरी लेखन रुचि। मेरा मानना है कि यदि आप खूबसूरती से अपने मन के भावों और विचारों को

प्रकट करना चाहो तो लिखने से ज्यादा सुन्दर और प्रभावशाली तरीका शायद ही कुछ और हो। यह लिखने और पढ़ने वाले के बीच में एक अनोखा रिश्ता बना देता है। उम्मीद हैं कि इस किताब के जरिए मेरे शब्द, मेरी अपनी निज़ी जिन्दगी के कुछ अनुभव, और इनमें छिपा सन्देश आप तक पहुँचे और आपके अंर्तमन को छुए।

इसी उम्मीद में.....
श्वेता राजपूत

पुस्तक के विषय में

गुरु क्या? गुरु कौन? गुरु क्यों? और अगर हो तो कैसा हो, क्यो हों? आखिर क्या करते हैं गुरु? यह किताब इन्हीं चन्द मगर बेहद जरुरी सवालों के जवाब रखती है। संक्षेप में आपके भीतर की दुनिया के कई गहरे राज खोलती है। तो स्वागत हैं आपका - इस रोंमाचक और दिलचस्प यात्रा में!

अध्याय 01

जिज्ञासा: प्रश्नों की हलचल

गुरु तत्व

"गुरु तत्व क्या है?"

"मैं गुरु धारण क्यों करुँ?"

"कौन होता हैं पूर्ण गुरु?"

"सच्चे गुरु की क्या पहचान है?"

"क्या वाकई में गुरु के बिना ईश्वर का मिलना सँभव नही?"

ये सारे प्रश्न न जाने कितने ही लोगों के मन में उठते होंगे। मेरे मन में भी उठते थे। जब भी सुनती थी, "गुरु बिना गति नही।" मन में यही प्रश्न उठता था कि क्या वाकई में गुरु का होना इतना जरुरी है?

"हे माँ! तुम्ही मेरी सर्वस्व हो। बचपन में जब से होश सँभाला, तुम्हें अपने साथ पाया। परिवार तथा माता-पिता के प्रेम व दुलार के साथ साथ तुमने ही मेरा पालन पोषण किया। और करती आ रही हो। स्कूल से लेकर कॉलेज तक, और अब तक हर बात तुमसे करना, तुम्हें अपनी सारी दिनचर्या बताना, हर चीज़ तुमसे पूछनी, यहाँ तक कि सुबह कॉलेज जाने के लिए क्या पहनूँ, यह तक तुमसे ही पूछना। इतनी प्यारी, इतनी सम्पूर्ण तो हैं यह मेरी दुनिया - एक अच्छा सम्पन्न परिवार, मम्मी-पापा, बड़े भाई के रुप में एक सच्चा साथी और सबसे करीब तुम! स्वयँ जगतजननी दुर्गा माँ!"

तो क्यों बार -बार मेरे मन में रह-रहकर यही प्रश्न उठता है - "गुरु बिना गति नही। तुम ही मेरी गुरु हो माँ। मेरी सब कुछ हो। सब कुछ तुमसे सीखा, तुमसे पाया। मुझे किसी नश्वर शरीर धारी गुरु की क्या आवश्यकता जब साक्षात शक्ति मेरे पल-पल साथ है।"

यही पूछती रहती थी घर के छोटे से मन्दिर में, माँ की प्रतिमा के सामने घण्टों खड़े रहकर। और तुम, मुस्करा देती और कहती कि अभी सही समय नही आया। समय आने पर हर प्रश्न का उत्तर मिलेगा। हर घटना के घटने का एक निश्चित समय है और इसी तरह माँ के आँचल की छाया में यह समय बीतता रहा।

अध्याय 02

स्वप्न में संकेत!

"कमल चरण, ब्रह्म का तेज...यहीं सारा संसार शरण पाता है।"

यह एक बहुत बड़ा सत्य है कि यदि हमारे मन में गुरु तत्त्व को जानने की जिज्ञासा जाग रही है तो वह स्वयँ ही कहीं न कहीं हमें चुन चुके हैं। हम गुरु नही खोज़ते बल्कि गुरु हमें स्वँय ढूँढ लेते हैं और फिर स्वयँ तक पँहुचने का मार्ग बिछा देते हैं। बशर्ते हमारी जिज्ञासा सच्ची हो और हमारी पूर्व-भक्ति एक निश्चित मार्ग तय कर चुकी हो फिर हमारे आराध्य ही हमें स्वँय गुरु-भक्ति का मार्ग दिखाते हैं। मेरी यह जिज्ञासा भी देवी माँ की प्रेरणा से ही पनप रही थी, गहरी हो रही थी। फिर एक दिन अचानक स्वप्न में हुए एक दिव्य विभूति के दर्शन जिन्हें पहले कभी मैनें देखा नहीं था। पर उनकी मुस्कान काफी थी अंर्तमन को हिला देने के लिए। जैसे कई जन्मों से रिश्ता था उनसे मेरी रुह का। पर फिर, समय के साथ-साथ जिन्दगी ने व्यस्त कर दिया खुद में।

पढ़ाई, डिग्री, कोर्स और बहुत कुछ चलता गया। पर स्वप्न भी साथ-साथ चलते गए। जहाँ कभी कोई ऐसी, अंजान जगहाएँ दिखती जहाँ पहले कभी जाना न हुआ। कुदरत की सुन्दरता और हरियाली से भरे रास्ते, उन राहों पर संतों का आगमन, मोरो की कूक और नृत्य से भरे वन, और भी बहुत कुछ....! मैं माँ से पूछती कि ये सब कौन से स्थान हैं ? तो बस मुस्कुरा देते और कहते कि समय आने पर खुद जान जाओगी।

अध्याय 03

संकेत से स्वीकार तक

और एक दिन समय आ भी गया-अचानक। घर पर कोई मेरा रिश्ता लेकर आ गया। घर वालों को सब कुछ बहुत पसन्द आया। पर मैंनें तो अभी इस बारे में सोचा भी नही था। अभी तो मुझे ये भी करना था, वो भी करना था। तो चली गई सीधा माँ के पास अर्जी लेकर। बस वो मुझे सुनते रहे और मुस्कुराते रहे। जैसे मेरे जीवन के इस नए अध्याय का सर्मथन कर रहे हों जिसकी शुरुआत हो चुकी थी। रात को स्वप्न में फिर से माँ आईं और साथ में आए हनुमान जी। वो माँ के ईशारे पर मेरी ओर बढ़े और हाथ आगे करने को कहा। हाथ आगे बढ़ाने पर उन्होंने मेरे हाथों में चार हरी चूड़ियाँ थमा दी। और देवी माँ ने भर-भर कर आर्शीवाद दिया और मेरी नींद खुल गई। अगले ही दिन मेरे घर पर उनका परिवार आया, सब आपस में मिले और सब कुछ तय हो गया। मैनें भी माँ के प्रति अपना विश्वास और सर्मपण रखते हुए इस दैवी-इच्छा को स्वीकार किया। जो भी गुण हम एक अच्छे जीवनसाथी में ढूँढते हैं, अच्छे व उच्च विचार, ऊँचा-चरित्र, बे-ऐब जीवन-शैली, भगवान के प्रति अटूट विश्वास, सोच में सादगी, विनम्रता, उदारता और ईमानदारी। यह सब माँ की अटूट कृपा से मैंने अपने जीवनसाथी में पाया। और कहानी में (Twist) मोड़ तब आया जब पहली ही मुलाकात में उन्होंने जिक्र किया **अपने सद्गुरुदेव का।**

अध्याय 04

जब समझ स्पष्ट हुई

उन्होनें बताया कि किस तरह अपने सद्गुरुदेव से नामदान लेने के बाद, उनकी राहबरी में चलकर, उनकी पूरी जिन्दगी बदल गई। एक गहन तृप्ति, संतुष्टि जीवन में उतर आई। जैसे तेज़ धूप में तपते हुए अचानक से शीतल हवा का झौंका इन्सान को कितना भाता है। उसी तरह उनके प्रेम, आर्शीवाद और राहनुमाई में जीवन खिल उठा। उनके तथा उनके परिवार, माता पिता के लिए उनके गुरुदेव ही सर्वोपरि हैं जो निःस्वार्थ भाव से जन-जन का कल्याण करने के लिए ही अवतरित हुए हैं। मैने जाना कि गुरु तो बहुत प्रकार के होते हैं संसार में, कोई कुल-गुरु, कोई धर्म-गुरु कोई शिक्षा गुरु आदि-आदि। परन्तु पूर्ण-गुरु पूरी सृष्टि में गिने-चुने ही होते हैं। और यदि गुरु पूर्ण हो तो ही हमारी खोज पूरी हो सकती हैं। एक पूर्ण गुरु ही अज्ञान का अन्धकार जीवन से मिटा सकता है। उनकी छत्र-छाया एवँ राहनुमाई में ही हम पूर्णता की ओर अग्रसर हो सकते हैं। क्योकि जो जहाँ तक पहुँच चुका हो, वहीं तक का रास्ता बता सकता है। केवल एक सिद्धपुरुष ही आत्म-साक्षातकार कराने में सक्षम है। बाकी सब बीच रास्ते छोड़ जाँएगे या कही सुनाई बातें ही दोहरा देंगे। मगर एक सिद्ध पुरुष अपना अनुभव कहता है और आपको उसी अनुभव की चरम सीमा तक हाथ पकड़े ले जाता है बशर्ते आप में चलने का साहस और इच्छा हो।

मैं सुनती रही और वो यह सब बताते रहे। मन में बहुत कुछ चलता रहा। अब ऐसा लग रहा था मानो अब अपने सारे सवालों के जवाब ढूँढ पाँऊगी। इस प्रकार का सान्निध्य जो मिलने वाला था।

अध्याय 05

दर्शन व दिव्य अनुभूति

और फिर, उस पहली मुलाकात के अगले दिन सुबह ही पता चला कि दो दिन बाद ही उनके सदगुरुदेव के मुख्य धाम (श्री आनन्दपुर धाम) जो कि मध्य प्रदेश में स्थित है, से कोई बहुत ही पहुँचे हुए और गुरुदेव के बेहद नजदीकी महात्मा हमारे शहर में आ रहे हैं। उनके परिवार वालों की खुशी का कोई ठिकाना ना रहा। वो सब उन महात्मा जी से बेहद करीब से जुड़े हुए थे। उन दिव्य सन्त के बारे में स्वयं गुरुदेव का कहना था कि "ये हमारे हृदय में बसते हैं। इनमें और मुझमें कोई अन्तर नही है।" यह सब देखते हुए उनके परिवार वालों ने मम्मी-पापा को कहा कि क्यों न दो दिन बाद उन महात्मा जी के समक्ष ही उनके आर्शीवाद से बच्चों के जीवन के इस महत्वपूर्ण फैसले को आगे बढ़ाया जाए। मेरा परिवार भी मान गया। सब तय होने पर दो दिन बाद जब हम आश्रम में स्थित श्री-मँदिर में पहुँचे तो जैसे ही सामने श्री मूर्ति के दर्शन किए तो उनके स्वरुप को देखकर मैं स्तब्ध रह गई।

'अरे! स्वप्न में यही दिव्य-पुरुष तो आए थे! जिन्होंने अपनी प्रेमभरी मुस्कान से आर्शीवाद दिया था।' सब कुछ जाना-पहचाना सा लगने लगा। मानों आत्मा के भीतर सोई हुई, तारें फिर से झनझना उठी हों। मैं टकटकी लगाए बस उस स्वरुप को निहारे जा रही थी। अंतर्मन बहुत सी बातें कर रहा था उन श्रीमूर्ति के साथ। पर किसी से भी कुछ कह न पाई। फिर अचानक पीछे से एक आवाज़ आई कि आ जाओ अन्दर। कक्ष में महात्मा जी सबको बुला रहे हैं। अन्दर, एक छोटे से कमरे में अपनी पूरी दिव्यता को ओढ़े एक पूर्ण योगि, एक महान संत

इस प्रकार आसन में बैठे थे जैसे परोपकार का बाज़ार लगाए बैठें हो और कह रहें हों कि आओ! तुम भी समर्पित करो अपना अंहकार और लूट लो सच्चा धन। उस परमपिता परमात्मा के घर का रास्ता दिखा रहे थे जैसे मानो अँधेरी कोठरी रुपी सँसार में नाम व सत्सँग रुपी दिया जगाकर बैठें हों-वो महान योगी। वो महान तपस्वी! वो वैराग्य की साक्षात मूर्ति --- परमश्रद्धेय - श्री बड़े महात्मा जी जिन्हें सब प्रेम से यही कहकर बुलाते थे।

अध्याय 06

सत्संग की महिमा

और फिर उनके आर्शीवाद से ही शुरु हुआ, मेरे जीवन का एक नया व महत्वपूर्ण अध्याय। विवाह हुआ, एक बहुत ही अच्छा सत्संगी परिवार मिला जहाँ अक्सर सन्त-जनों का आना जाना भी लगा रहता।

फिर सन्तों के मुख से नाम की महिमा सुनकर देवी माँ की अन्तः प्रेरणा को प्राप्त कर मैनें भी नाम रुपी अमृत प्राप्त किया। और यकीन मानिये, जैसे-जैसे गुरुदेव द्वारा बताए गए मार्ग पर चलती गई, हृदय आनन्द व शान्ति से भरता गया।

मेरे इस नए परिवार का एक नियम था कि हर रविवार सब आश्रम पर सत्संग श्रवण करने जाया करते। मैनें भी स्वाभाविक ही साथ जाना आरम्भ किया। आश्रम के जो मुख्य प्रबंधक थे वे ही बड़े महात्मा जी की आज्ञा से नित्य सत्संग की सेवा करते। उनके द्वारा किए गए सत्संग में एक अनोखा रस था। इस प्रकार जीवन में सत्संग की चोट भी निरन्तर पढ़ती गई। परिवार वालों के उनके साथ निजी घनिष्ठ सम्बन्ध थे जिसकी वजह से मुझे भी उनका निरन्तर सान्निध्य प्राप्त हुआ। अपनी साधना के प्रति जितना सर्मपण, अनुशासन, निष्ठा व दृढ़ संकल्प उनमें था, वो किसी गृहस्थ में होना बहुत सराहनीय व अनुकरणीय है। उनकी इस लगन व निष्ठा तथा गुरु कृपा ने इस मार्ग पर उनको बहुत आगे तक पहुँचाया। और उनके आदर्शों ने मुझे भी बहुत प्रेरित किया। उनके साथ तथा समदर्शी विचारों वाले साधको के साथ की जाने वाली ज्ञान-चर्चा तथा संतों के सत्संग ने मानो आग में घी का काम किया। स्वाभाविक ही ज्ञान व प्रेमाभक्ति की जो उत्कण्ठा अन्दर ही अन्दर जन्मों से दबी पड़ी थी वो जाग्रत होती गई।

बड़े महात्मा जी अक्सर कहा करते - सत्संग कहीं भी हो, किसी भी महापुरुष का हो, किसी भी धर्म या सम्प्रदाय का हो, दौड़ के जाओ। सत्संग केवल सत्य से जोड़ता है जो शाश्वत व स्थायी है, जिसका कोई धर्म नही पर जिससे सब धर्म स्वतः हैं। इसलिए देरी मत करना, दौड़ के जाना। उस सत्संग को ध्यानपूर्वक सुनना, आत्मसात करना, समझना और अपने जीवन में उतारना। फिर देखो, तुम्हें क्या मिलता है। जीवन क्या है, क्यों हैं, यह सब समझ में आ जाएगा। साथ ही साथ अपना असली काम कभी मत भूलना-नाम व शब्द की कमाई, जो सबसे ज्यादा जरुरी है। वो नाम, जो पूर्ण गुरु से मिले, यात्रा वहीं से आरम्भ होगी। घटना वहीं से घटित होगी।

यही एक मात्र, सत्य है जो युगों-युगों से हमारे इतिहास ने, महाँपुरुषों एँव अवतारों ने, प्रमाणित भी किया है और करते आ रहे हैं। वेद पुराण एँव भागवत तथा बड़े-बड़े ग्रथों में भी इस बात की पुष्टि की गई है। सतयुग में अति कठिन तपस्या के माध्यम से ईश्वर प्राप्ति के लिए साधन किए जाते थे। त्रेता युग में प्रधानता रही यज्ञ कर्म की। द्‌वापर युग में पूजा-अर्चना एवँ भक्ति सर्वोच्च साधन थे। कलयुग में मनुष्य की आयु की अवधि कम हो जाने से तथा इतनी कठिन तपस्या में असर्मथ होने के कारण नाम-जप ही सबसे बड़ा एँव उत्तम साधन माना गया है।

भगवान श्रीकृष्ण ने गीता में कलियुग में ईश्वर प्राप्ति के लिए निष्काम कर्मयोग एवँ हरि नाम संकीर्तन को मुख्य माध्यम बताया है। विशेषकर अध्याय 4, श्लोक 34 में श्रीकृष्ण ने गुरु को अज्ञान रुपी अँधकार को दूर करने वाला और सत्य का मार्गदर्शक बताकर

सर्वोच्च महत्व दिया है। उन्होंने स्वयँ कहा हैं कि प्रामाणिक गुरु के पास विनम्रतापूर्वक जाकर, प्रश्न करके और सेवा द्वारा ज्ञान प्राप्त करना चाहिए, क्योंकि आत्मज्ञानी गुरु ही सत्य का दर्शन करा सकते हैं और ईश्वर-प्राप्ति का मार्ग दिखा सकते हैं।

इस प्रकार गुरु को साक्षात ईश्वर के समान माना गया है।

अध्याय 07

विचारों की शक्ति

पर सवाल ये उठता है कि गुरु से क्या माँगना चाहिए। अब लोग गुरु तो धारण कर लेते हैं पर गुरु से भी सांसारिक माँगों की अपेक्षा रखते हैं। वे गुरु से भी यही माँगते हैं कि हमारा कारोबार अच्छा हो जाए, धन मिल जाए, बच्चों की शादियाँ हो जाये, इत्यादि। यदि एक आध्यात्मिक गुरु से हम सांसारिक इच्छाओं की पूर्ति की अपेक्षा करेंगें तो यह बिल्कुल वैसा ही है जैसे जौहरी के पास जाकर हीरे या सोने की जगह प्याज़ टमाटर की लालसा रखना या सूर्य के पास जाकर चिराग जलाने की ज़िद करना। इस प्रकार तो हम कभी भी पूर्ण गुरु का पूर्ण सान्निध्य प्राप्त नही कर सकेंगे। गुरु तो हमें ज्ञान व प्रेमाभक्ति की बहुमूल्य मणि देने बैठा है जिसकी तुलना संसार की कोई भी मणि या रत्न से नही हो सकती। उनसे तो वो महादुर्लभ वस्तु जो केवल उन्ही से प्राप्त हो सकती है उसी की सच्चे व विनम्र हृदय से याचना करनी चाहिए। अब बहुत से लोग गुरु धारण भी कर लेते हैं पर गुरु द्वारा दिखाए मार्ग पर चलते नही। गुरु हमें मार्ग दिखाते हैं जिसपर चलना तो स्वयँ को ही पड़ता है। जैसे वर्षा सबके ऊपर बराबर बरसती हैं मगर जल वहीं ठहरता है जहाँ गहराई होती है। उसी प्रकार गुरु कृपा शिष्य की पात्रता पर निर्भर करती है। जितना बड़ा पात्र उतनी बड़ी कृपा। उनकी करुंणा सब पर बराबर बरस रही है पर भीगने को कितनी रुहें आतुर हैं, यह विचार करने योग्य है। इस मार्ग पर छल, कपट व चतुराई का कोई स्थान नही। समर्थ गुरु वो हैं जो आपके सामने आते ही आपके बिना कुछ कहे, आपके बारे में सब जान जाते हैं। परन्तु कुछ कहते नहीं। वो सबको

स्वीकार करते हैं। रुह कितनी भी मलिन क्यों न हो, गुरु के द्‌वारा उसका उद्धार निश्चित हैं।

मैं एक बार की सच्ची घटना आपको बताती हूँ। हमारे गुरुदेव के दरबार में (म.प्र.) एक दिन बहुत सारी संगत दर्शन हेतु एकत्रित हुई थी। सभी उनके दर्शन हेतु कतारबद्ध खड़े थे। जैसे ही एक सज्जन माथा टेकने आगे आए तो गुरुदेव ने उनसे पूछा, "क्या तुम आरती पूजा का नियम रोज करते हो?" तो वो बोला, 'नही स्वामी जी। आरती में बोली जानी वाली यह पंक्ति मुझे रोक देती है।'

"आरती लायक सो जन, जो हैं शुद्ध मन के।"

अर्थात जिसका मन शुद्ध है वही आरती करने के लायक है। और मेरा मन शुद्ध नही, इसमें असंख्य विकार छिपे हैं। मैं खुद को इसके लायक नही समझता।

इसपर गुरुदेव मुस्कुराए, और बोले, "तुम इसका सही अर्थ नही समंझे। एक गुरु द्‌वारा निर्धारित नियम बनाए ही इसलिए जाते हैं ताकि शिष्य का मन उनके आचरण से शुद्ध हो सके। जैसे एक कीचड़ या मिट्टी से लिप्त शरीर तब तक साफ स्वच्छ नही होता जब तक साबुन से मल-मलकर उसे धोया ना जाए। यदि कोई कहे कि मेरा तन मैला है, मैं यदि यह साबुन लगाऊँगा तो साबुन मैला हो जाएगा तो यह क्या बात हुई।

साबुन का तो कार्य ही उसके तन को स्वच्छ करना है। इसी प्रकार गुरु द्‌वारा बताए मार्ग से, नियम से व दिए गए नाम से ही आत्मा

एँव मन शुद्ध होते हैं। स्वाभाविक ही साधक के कई जन्मों के पाप कर्मों की मैल धुलती जाती है और वह तेज़ी से अपने गंतव्य की ओर बढ़ता जाता है। बेझिझक सच्चे मन व श्रद्धा से आरती पूजा व बाकी नियम करो। निश्चित ही इससे तुम्हारा कल्याण होगा।"

अध्याय 08

भीतरी विज्ञान

गुरु कोई बाहरी विषय नही है। गुरु तो हमारे भीतर ही ज्ञान का दिया जलाते हैं। जैसे-जैसे साधक की परिपक्वता बढ़ती जाती है, यह दिया स्वयँभू सारे रास्ते प्रकाशित करता जाता है। गुरु हमें स्वयँ से ही जोड़ते हैं। हमारे भीतर के शिव तत्त्व से मिलाते हैं। चूँकि यह भीतर की यात्रा गहरे अँधकार से भरी हुई है। जिसमें मार्ग ना दिखने पर भटक जाने की सँभावना बहुत अधिक होती है। गुरु वो प्रकाश पुँज हैं जो स्वयँ तो प्रकाशित हैं ही, हमारे भीतर के दिए को भी प्रकाशित करने में सक्षम हैं।

ईश्वर एंव प्रकृति की व्यवस्था बड़ी अदभुत है। हर घटना अपने समय से ही होती हैं। प्रकृति अपने ही भीतर असंख्य गहरे राज़ छिपाए बैठी है। ब्रह्मांड के हर प्रश्न का उत्तर, प्रकृति के भीतर ही समाया हुआ हैं। और यह समस्त प्रकृति-हमारे भीतर। जो मनुष्य ईश्वर की इस अद्भुत रचना से जुड़ता है, प्रकृति से सहज प्रेम का सम्बन्ध स्थापित करता है, अकेले में शान्त मन से प्रकृति में बैठता है, उसके भीतर ही गहन अनुभव स्वंय उतरने लगते हैं। उस ईश्वरीय सत्ता का सबसे गहन पहलू उसे अपने ही अस्तित्व से जोड़ता है।

फिर उसके हृदय भूमि में अपने अस्तित्व की खोज, अपने वजूद का कारण जानने की इच्छा से प्रश्न रुपी बीज अकुँरित होने लगते हैं। कुछ बीज कर्मों के अधीन होकर दबे रह जाते हैं, अकुँरित होने के लिए वर्षों तक प्रतीक्षा करते हैं। और कुछ जीव संचित पुण्यकर्मों व दैवी-कृपा के फलस्वरुप इस बीज को सद्विचारों, सतकर्मों एवं सतसंग रुपी खाद से अँकुरित करते हैं। फिर गुरु रुपी माली की देखरेख में यह

पौधा पनपता है। और फिर अपने स्वामी के संरक्षण में वह पौधा एक विशाल सशक्त वृक्ष बन जाता है। फिर जब उस वृक्ष पर फल एँव फूल खिलते हैं तो उस वृक्ष से भी ज्यादा खुशी उस माली को होती है जिसने उस बीज को सही दिशा प्रदान की। और अब वह वृक्ष भी अपनी छाया से, फल से सारी मानवता की सेवा करता है। कहने का भाव यह है कि इसी प्रकार यदि मनुष्य के अन्दर यह प्रश्न बुदबुदाने आरम्भ हों कि वह वास्तव में कौन है और इस दुनिया में क्यों आया है, ईश्वर कौन हैं, कहाँ हैं.....तो समझो उसके अन्दर भी इस ज्ञान को जानने का बीज अँकुरित हो गया और उसने अपने अस्तित्व की ओर, भीतर की ओर रुख किया है। परन्तु भीतर अभी अन्धेरा है। इस अन्धेरे में केवल वही मार्ग दिखा सकता है जिसने स्वयँ भीतर का दीया प्रकाशित कर रखा है। और यह कार्य केवल वक्त के पूर्ण सन्त-सद्‌गुरु ही कर सकते हैं।

ठीक उस माली की तरह गुरु भी अपने शिष्य की आध्यात्मिक-यात्रा में हर प्रकार से उसकी सँभाल करते हैं। बशर्ते शिष्य भी उनके दिखाए मार्ग पर पूर्ण विश्वास के साथ चले। और इसी प्रकार, निरन्तर चलते-चलते जब शिष्य में परिपक्वता आने लगती है तो उसकी अथक साधना एँव गुरु कृपा के फलस्वरुप, एक दिन अचानक घटती है, सृष्टि की सबसे बड़ी घटना---

।।आत्म साक्षातकार।।

खोज से दर्शन तक की यात्रा...

"मैं द्रष्टा हूँ, दर्शन हूँ, और दृश्य भी हूँ।"

अब शिष्य के भीतर, वह दिया स्वयँभू जलने लगता है जिसके प्रकाश में उसे सब साफ-साफ दिखाई देता है। अब उसके सब प्रश्न, सब जिज्ञासाएँ शाँत हो जाती हैं एवँ भीतर उतरती हैं-एक गहरी शांति-परम मौन की अवस्था, गहन आनन्द की अवस्था। जो अवर्णननीय है, अकथनीय है। अब वह शिष्य की मनोस्थिति ठीक उस सशक्त वृक्ष की भाँति है जो अब अपनी मजबूत जड़ों को पृथ्वी में जमाए, खड़ा है आसमान को छूता हुआ, हर तूफान और आँधी का मुकाबला करने में समर्थ।

अब यकीन मानिए, उस गुरु के लिए भी इससे बढ़कर अब आनन्द का, उत्सव का कोई कारण नही जब उसका शिष्य भी पूर्णता को प्राप्त कर चुका हो। उस पल पूरी सृष्टि नृत्यमग्न हो जाती हैं, तीनों लोंकों में उत्सव मनाया जाता है। परन्तु इस घटना को घटने में कई जन्म लगते हैं। क्योंकि इस घटना को प्राप्त होने वाले कोई विरले ही होते हैं।

बस! एक बार पूर्ण समर्थ गुरु शिष्य का हाथ पकड़ ले और शिष्य पूर्ण निष्ठा के साथ चले तभी चलती है यह महान आध्यात्मिक यात्रा। मान लीजिए यह यात्रा एक जन्म में एक निश्चित मार्ग ही तय कर पाई है तो अगले जन्म में यह यात्रा वहीं से फिर से शुरु होती है और यह क्रम तब तक ज़ारी रहता है जब तक हमारी यात्रा पूर्ण नही होती......जब तक हम संपूर्ण नही होते।

परन्तुं हम सब लोग अपने समाज में, घर-परिवार में, दुनियादारी में इस कदर उलझ जातें हैं कि भूल ही जाते हैं कि हमारा असली कार्य क्या हैं और अधिकतर समय यूँ ही व्यर्थ चला जाता है।

अध्याय 09

अंतर्यात्रा का विस्तार

मेरे गुरुदेव अक्सर कहा करते, "तुम संसार के सभी कार्य करो, अपना प्रत्येक फर्ज निभाओ। बस, नियमित रुप से नाम अभ्यास एवँ सत्संग से जुड़े रहना। अपनी भीतरी और बाहरी दुनिया में संतुलन बनाए रखना। संसार के प्रति सब फर्ज निभाते हुए अपने स्वंय के प्रति अपने इस फ़र्ज को बिल्कुल मत भूलना। इसी में तुम्हारा कल्याण है। जिंदगी खुद ब खुद संतुलित होती जाएगी। जो भी इन्सान स्वयँ के प्रति अपने इस दायित्व को बखूबी पूरा करता है वो स्वंय का कल्याण तो करता ही है, समस्त मानवता के भी कल्याण का कारण बन जाता है।

बेशक यह मार्ग इतना आसान भी नही है। कहते हैं ना- 'ईश्क वाली गली विचों कोई-कोई लंघदा।'

ईश्वर की ही रची हुई माया रास्ता रोकती है, कई मुश्किलें, उलझनें, समस्याएँ, विघ्न, आलस्य, प्रमाद, संसारिक रुझान इत्यादि पैदा करके हमारा इम्तिहान लेती है। इसमें ज्यादातर लोगों का बल क्षीण हो जाता है। पर यदि ईश्वर से प्रेम सच्चा है, मिलने की लगन तीव्र है और अपने गुरु द्वारा बताए मार्ग पर पूरे विश्वास व निष्ठा के साथ निरन्तर चल रहे हैं, तो माया भी अपने घुटने टेक देती है। अब यह सब करने का साहस वही विलक्षण रुह करती है जिसमें विवेक जाग गया हो। फिर उसकी सारी जिम्मेवारी उसके गुरुदेव अपने सशक्त कन्धों पर उठाते हैं और एक दिन उसको उस द्वार तक ला खड़ा करते हैं जिसके भीतर का प्रवेश ही आपका एकमात्र लक्ष्य है। अब भीतर की उस गहन शान्ति से स्वयँभू प्रकट होता

है - नाद! दिव्य अनहद- नाद! दिव्य प्रकाश ! आपको अपना सत्य-स्वरूप साफ-साफ दिखाई देता है। अब ईश्वर और आपके बीच की झीनी सी दिवार भी गिर जाती है। और आप निःशब्द हो जाते हैं। क्योंकि जो आप देख रहे हो, वह शब्दों में ब्यान करने वाला नही है। जो आप सुन रहे हो, वो किसी को भी सुनाए जाने वाला नही, आप जो अनुभव कर रहे हो वह भी किसी से भी बाँटे जाने वाला नही है। इसी परम-आनन्द को केवल आत्मसात किया जा सकता है। बाँटा नही जा सकता। यह ऐसा अनुभव है जो सबको अपने-अपने हिस्से का ही करना है। क्योंकि सबकी यात्रा भी एक जैसी नही है तो निःसन्देह अनुभव भी एक जैसे नही होंगे। हालांकि मँजिल जरूर एक है। अलग-अलग रूप में।

इसी गहन-अनुभव में परम शाँति के प्रवाह में नित्य नया रस हैं, एक निरन्तर सा चलते रहने वाला उत्सव है। यही वो नृत्य है जिसमे शिव-रूपी हमारी चेतना का प्रवाह हमेशा से बहना चाहता है।

मैं राधा, मैं कृष्ण, मैं ही रास हूँ।"

यही वो आत्मा एँव परमात्मा के मधुर-मिलन की रासलीला है जिसे पूरा सँसार राधा-कृष्ण के परम श्रेष्ठ रसमयी प्रेम की परिकाष्ठा के रूप में देखता है। जिसमें शरद-पूर्णिमा का पूरा चाँद आपके स्वँय के उज्जवल प्रेम की ही पूर्णता दर्शाता है।

यह सब कुदरत के बाहरी सँकेत ही हैं जो हमें भीतर उतरने पर प्रत्यक्ष मिलते हैं। जब हम अपने भीतर प्रेमाभक्ति का सूर्योदय अनुभव करते हैं तो धीरे-धीरे पाते हैं कि ये चाँद, सूर्य, प्रकृति, प्रकाश, ये तारामण्डल, इंद्रधनुष के सातों-रंग, सारा ब्रह्मांड भीतर ही जाग्रत हो जाता है।

अध्याय 10

जब प्रेम ही साधना बने

साधना में प्रेम का होना अनिवार्य है। क्योंकि ये सब अनुभव आध्यात्मिक मार्ग पर चलने वाले साधकों को उनके प्रेम की पवित्रता और परिकाष्ठा के हिसाब से ही होते हैं और यह भी एक बहुत गहरा सत्य है कि यदि प्रेम उस परिकाष्ठा तक पहुँच जाए कि उसकी धारा स्वयँ 'राधा' बन जाए तो वहाँ किसी भी जप, तप, साधन और नियम की आवश्यकता नही रहती। साधक का प्रेम अपने आप मे पूर्णता लिए इस प्रकार प्रकाशित हो उठता है कि हर नियम, हर साधन जो सबको पवित्र करने के लिए बने हैं, वे सब स्वयँ उस प्रेम के संपर्क में आते ही खुद को धन्य मानते हैं।

नोट:- धारा-राधा :- जब जल रूपी सुरति नीचे की ओर (संसार की ओर) बहे तो धारा, जब ऊपर की ओर (ईश्वर की ओर) बहे तो राधा।

सच्चा प्रेम तो हृदय की वो गँगा है जो सब कुछ पवित्र कर देने का सामर्थ्य रखती है। सब तीर्थों से बड़ा तीर्थ -प्रेम! बस, ऐसे प्रेम में डूबा हृदय किसी से कुछ कह नही पाता। कहे भी किससे। जब ईश्वर से ही बात हो जाए तो किसी और से अब क्या बात होगी।

ये ऐसे-ऐसे गुप्त रूहानी अनुभव हैं जो अति गोपनीय होते हैं। गुरूदेव की ओर से शिष्य को मनाही होती है कि वो किसी के भी समक्ष इन्हें प्रकट न करे। जो भी एक बार इस दिव्य अमृत को चख लेता है फिर उसे बाहर संसारिक विषयों में कोई रूचि नही रहती। परन्तु यह सब

इन्सान को करना भी तो संसार में रहकर ही है। इसीलिए, संसार में ही रहते हुए, अपना हर धर्म प्रेमपूर्ण निभाते हुए ही हमें साथ-साथ में इस भीतरी यात्रा को पूरा करना हैं।

अध्याय 11

अनुभव की गहराइयाँ

अब जाकर मुझे खुद भी महसूस हुआ कि हाँ, जिन्दगी अब सही रास्ते पर चलती हुई अपने उद्देश्य को पहचान रही है। उस उद्देश्य की पूर्ति हेतु साधन व्यवस्था का मार्ग गुरूदेव ने प्रशस्त कर दिया है। चलना तो मुझे स्वयँ है। और जब हम उस मार्ग पर चलते हैं तो गुरूदेव हर कदम पर गुप्त रूप से हमारा साथ थामे रहते हैं। केवल आन्तरिक मार्ग में ही नही, सँसार में भी हर कार्य को करने की युक्ति समझाते हैं।

"बलि-बलि जाऊँ मैं अपने सतगुरू प्यारे पे,

जो मोरे हिरदै राम-प्रकास करियो,

यही विनती अब चरणन में उस प्यारे से,

सदा-सदा मेरे साहिब, घट में निवास करियो।"

"गुरु के चरणों में ही जीवन की बसंत है।"

जैसे बसन्त ऋतु के आने से चारों तरफ बहार आ जाती है, ना ज्यादा ठण्ड, ना ज्यादा गर्मी, एक नपा तुला सुहावना सा मौसम जिसमें प्रकृति की सुन्दरता अपनी परिकाष्ठा पर होती है। प्रकृति की हर कलाकृति इस बहार में झूमने लगती है। ठीक इसी प्रकार मेरे जीवन में भी नाम रूपी संजीवनी प्रकट होने से मानो बसन्त-ऋतु आ गई। गुरूदेव द्‌वारा प्रकाशित इस मार्ग पर चलने से हर प्रकार की पतझड़ का अंत हुआ। जैसे प्रकाश में हर चीज़ साफ-साफ दिखाई देती है, इसी प्रकार नाम रूपी दिए के प्रकाश से सारे भ्रम दूर होते चले गए। सब प्रश्नों के उत्तर मिलने लगे। गुरूदेव द्‌वारा दिया गया नाम जीवन जीने की कला में निपुणता तो पैदा करता ही है बल्कि जीवन के बाद के भी सारे रहस्य खोलता है।

आप इस जीवन के परे, बहुत परे तक देखने में सक्षम हो जाते हैं।

साधक की पात्रता के अनुरूप ही उसके आध्यात्मिक अनुभव तय होते हैं। ध्यान मार्ग में सम्पूर्ण ब्रह्मांड की सैर और उस पारलौकिक जगत का भ्रमण कराने का सौभाग्य भी गुरूदेव की कृपा से प्राप्त हो सकता है। परन्तु प्रेम-मार्ग में तो प्रेमी या भक्त सीधा ईश्वर तक पहुँच जाता है। बशर्ते प्रेम सच्चा और ईश्वर से मिलने की तीव्र लगन हो तो उसके हृदय की पुकार और आँखो के अश्रु (आसूँ) बीच की हर दीवार को गिराने का सामर्थ्य रखते हैं। प्रेम की लीला सबसे न्यारी है परन्तु इसका अधिकारी भी वही बन सकता है जिसे ईश्वर स्वयँ चुनते हैं। और फिर उस जीव को सच्चे सन्तों से, गुरू से मिलवाते हैं जो उस हीरे को तराश कर उसे अद्भुत बना देते हैं।

परन्तु इस मार्ग पर भी कई शत्रु होते हैं। इसलिए सजग रहना भी अति आवश्यक हैं।

(नोट-साधक या ईश्वर से प्रेम करने वाला किसी को भी अपना शत्रु नही मानता, किसी के लिए भी किसी कीमत पर भी, वैर-भाव नही रखता परन्तु कुछ 'खास' प्रवृति के लोग जरूर उसे अपना शत्रु मानते हैं जो स्वयँ ही अपने कर्मफल के अनुसार बाद में चलकर दण्ड भोगते हैं।)

परन्तु इस मार्ग पर सबसे बड़ा शत्रु जो है, वह है- सूक्ष्म अँहकार। यह एक ऐसी रूकावट है जो पता भी चलने नही देता और साधक को भीतर से धीरे-धीरे खाली कर देता है। इसी खतरनाक शत्रु के रहते गुरूदेव शिष्य को बार-बार समझाते हैं कि वो अपने निजी अनुभव या आध्यात्मिक उपलब्धियों का जिक्र बाहर किसी से भी न करे। इससे उसके अन्दर सूक्ष्म अँहकार का बीज पैदा हो सकता है, और उसके पतन का कारण बन सकता है। रास्ते में मिलनी वाली बहुत सी ऋद्धि सिद्धियाँ भी इस अहँकार का कारण बन सकती हैं परन्तु भक्त को तो केवल भक्ति से, भगवान से मतलब है। वो इन सबसे बिना प्रभावित हुए, बिना विचलित हुए अडिग रहकर अपना मार्ग तय करता जाता है।

अध्याय 12

संघर्ष से शिखर तक

यकीन मानिए। बेहद दिलचस्प और सबसे खूबसूरत यात्रा है यह। जिस प्रकार हम कभी पहाड़ों में घूमने जाएँ तो जितना ऊँचाई पर सफर करते जाते हैं, उतने ही मनोरम और सुन्दर दृश्य देखने को मिलते हैं। सर्द हवा, गहरे कोहरे से ढकी सड़कें, कभी सफेद बर्फ से ढके पर्वत और यदि कहीं किसी ऊँचाई से सौभाग्य से सूर्यदेव दिख जाएँ, तो अद्भुत। पर्वतों की ऊँचाई से सूर्योदय या सूर्यास्त देखने का आनन्द अलग ही होता है। सिर्फ देखने वाला ही इस विराट प्रकाश के स्रोत को महसूस कर सकता है। आप में से भी बहुत से लोगों ने इस सुन्दर अनुभव को महसूस किया होगा। कितनी सुन्दर दिखती है ना प्रकृति ऊँचाई से। अब भई, ये भी हो सकता है कि बहुत से लोगों की पसन्द पहाड़ न होकर समुद-तट हों या फिर हरे भरे खेतों की दूर-दूर तक फैली हरियाली और ताजगी भरे छोटे-छोटे गाँव या रमणीक स्थल। पर हैं तो ये सब भी प्रकृति ही। मुझे भी यह सब बहुत पसन्द हैं। बस, पहाड़ों से ज्यादा लगाव इसलिए भी है क्योंकि ये हिमालय केवल बर्फ से या वनस्पति से ही नही ढका हुआ, बल्कि अपने अन्दर समाए हुए हैं - असंख्य रूहानी रहस्य! इस हिमालय ने शरणागत किए हुए हैं-असंख्य ऐसे महान योगी, अनगिनत रहस्यमयी दिव्य विभूतियाँ, सैंकड़ों तेजस्वी तपस्वी जो कई-कई वर्षों से वहा वास करते हैं।

वे सब गुप्त रूप से अपनी ही दुनिया में लीन हैं बस। दुनिया से कोई लेना-देना नही। ये महान विभूतियां चाहें तो क्या नही कर सकती। कुछ तो समय की परिधि से भी परे हैं। अपनी महान साधना एँव

तपोबल से, मृत्यु को भी मात देते हुए सैंकड़ों वर्षों से अपनी उम्र को रोके रखा है। कुछ ईश्वर प्राप्ति हेतु, कुछ किसी विशेष प्रयोजन हेतु और कुछ केवल संसार के उद्वार के लिए या मानवता के कल्याण के लिए ही गुप्त रूप से यहाँ वास करके निष्काम साधना में विलिन रहते हैं। तृप्त रहते हैं। मौन रहते हैं। क्योंकि ये विभूतियाँ जान चुकी हैं कि मौन का क्या महत्त्व है। गुरू भी यही करता है। शिष्य के बाहर के और भीतर के शोर समाप्त करता है। फिर उसके बाद तो भीतर से मौन ही उतरता है। और उस मौन में एक परम शन्ति का अनुभव होता है जिसका रस गुरूदेव के बताए गए मार्ग पर चलकर ही प्राप्त होता है।

जिस प्रकार पहाड़ों की यात्रा करते समय हम जितना ऊँचाई पर पहुँचते जाते हैं, उतने ही भव्य व दिव्य दृश्यों के साक्षी बनते हैं। ठीक इसी प्रकार यह भीतर की यात्रा है। जितना हम ध्यान में गहरा उतरेंगें उतना ही सुरति ऊपर की ओर उठेगी और रास्ते में उतने ही भव्य और दिव्य अनुभव होंगें।

जैसे पहाड़ों की चोटी या शिखर पर पहुँचने पर या बहुत अधिक ऊँचाई पर पहुँचने से नीचे की हर चीज बहुत छोटी दिखाई देती है, जैसे: मकान, दुकान, सड़कें, इमारतें, लोग इत्यादि-सब कुछ! इसी प्रकार भीतर की यात्रा में भी जितना ऊपर उठेंगें, बाहरी संसार की हर वस्तु, हर परिस्थिति, हर तनाव बहुत छोटे लगने लगते हैं। सत्य व झूठ, वास्तविक्ता और भ्रम के फर्क पर से अब पर्दा उठने लगता है। जीव को धीरे-धीरे समझ आने लगती है कि वो क्या करने आया था और अब तक क्या कर रहा है।

ऐसा कदापि नही है कि यह मार्ग सन्यास या वैराग्य की ओर ले जाता है। बल्कि पूर्ण गुरू तो हमें संसार में रहकर ही अपना हर कार्य, समाज और परिवार के प्रति अपना हर फर्ज निभाते हुए, हर जिम्मेवारी को प्रेम व होश से निभाना सिखाते हैं। मगर याद रहे -'होश से'। और यह 'होश' केवल आध्यात्मिक मार्ग पर चलकर ही मिलता है। जैसे कमल का फूल कीचड़ में ही रहता है मगर ऊपर की ओर (उर्ध्वगामी) उठा हुआ, कीचड़ से निर्लिप्त, पूरी तरह खिला हुआ। उसका कीचड़ में रहकर भी कीचड़ को छुए बिना ऊपर की ओर खिलना होश को प्राप्त होना ही तो है। इसी कमल के फूल की तरह हमारे गुरूदेव भी संसार में रहकर जीवन जीने की कला सिखाते हैं और जीवन के बाद की भी बागडोर वह स्वयँ सँभालते हैं।

अध्याय 13

समर्पण का मार्ग

"सर्वश्रेष्ठ ज्ञान रणभूमि में ही प्रकट हुआ - शांति वह नहीं जहाँ युद्ध न हो, शांति वह है जहाँ युद्ध के बीच भी दृष्टि स्पष्ट हो।"

इसका सबसे बड़ा और महान उदाहरण भगवान श्रीकृष्ण ने भगवद्गीता के द्वारा पूरे विश्व के सामने प्रस्तुत किया है। निष्काम कर्मयोग द्वारा!!!

हम कर्म करें परन्तु कर्ता का भाव लेकर नही, फल की चिन्ता किए बिना। ऐसा तभी संभव होता है जब हमें अपने ईष्ट व गुरू पर पूरा भरोसा होता है। हमारा हर कर्म जब उनको समर्पित होता है तो कर्मफल की चिन्ता का भार वे स्वयँ उठाते हैं। जैसे माता-पिता अपने छोटे से बच्चे को गोद में लेकर ऊपर हवा में उछालते हैं। उस बच्चे को अभी सँभलना भी नही आता पर उस वेग में भी वो निश्चिन्त हैं, जोर से हँसता है क्योंकि उसमें गिरने का कोई भय नही। उसे पूर्ण विश्वास है कि उसके माता-पिता उसे थाम लेंगें। इसी प्रकार जीवन में हमारा गुरू के प्रति सर्मपण भी उस बच्चे की भाँति मासूम, निर्दोष और बेदाग होना चाहिए। ऐसा ना हो कि हम जानबूझकर बुरा कर्म करें, किसी का दिल दुखाएँ या किसी को धोखा दें और कहें कि यह कर्म मेरे गुरू को या ईश्वर को सर्मपित है, वे ही इसके गुण-दोष के मालिक होंगें। नही। याद रहे, यदि हमारा मन उस बच्चे की भाँति साफ और निर्दोष नही होगा तो सर्मपण का कोई अर्थ नही होगा। सर्मपण तभी पूर्ण कहलाता है जब जीवन में हम हर कर्म प्रेम व ईमानदारी से करें पर निष्काम भाव से करें, अर्थात फल की चिन्ता किए बिना करें। फल की चिन्ता या इच्छा का भार स्वयँ ना उठाते हुए हर कर्म ईश्वर का कर्म समझते हुए करें तो हर कर्म निष्काम कर्म बन जाता है और हम कर्म-बन्धन

से भी मुक्त हो जाते हैं। (इसमें कर्ता-भाव भी चला जाता हैं।) बस! संसार में यह सब करते हुए एक जिम्मेवारी है जो अपने प्रति भी निभानी अति आवश्यक है। वह है - आत्मसाक्षातकार की यात्रा। स्वयँ को पहचानने एवँ पाने की यात्रा। यदि इस लक्ष्य को धुरी बनाकर मनुष्य चलता जाए तो बाकी सब कर्म स्वयँ ही सुचारू रूप से ईद-गिर्द घूमते जाते हैं। हमें पता भी नही चलता कि प्रकृति कैसे हमारी हर जरूरत की व्यवस्था करती जाती है। यह जीवन जब गुरू के द्वारा दी गई शिक्षा-दीक्षा के अनुरूप ढलता है तो स्वर्णिम होता जाता है और जीवन के सही मायने पकड़ में आने लगते हैं।

"मीराबाई - न राजकुमारी, न संत, बस प्रेम का मानवी रूप।"

गुरू की इतनी बढ़ाई है कि स्वयँ भगवान श्रीकृष्ण ने अपने प्रिय भक्तों एवँ परिकरों को एक योग्य गुरू के सान्निध्य व मार्गदशन् प्राप्ति हेतु प्रेरणा दी है। मीराबाई को कौन नही जानता। उनका श्रीकृष्ण के प्रति अनन्य भक्ति व अनूठा प्रेम था। यदि मीराबाई का चरित्र किसी ने पढ़ा हो तो सबको ज्ञात है कि मीराबाई के प्रेम में इतनी शक्ति थी, उनके विरह में इतनी अग्नि थी, उनकी पुकार में इतना बल था कि स्वयँ श्रीकृष्ण उनके समक्ष साक्षात प्रकट हो जाते। भक्ति में इतना सार्मश्य होने पर भी कृष्ण ने मीराबाई को गुरू धारण करने की प्रेरणा दी। मीराबाई के गुरू रहे- सन्त रविदास, जिनकी कृपा से मीराबाई का कृष्ण भक्ति एँव आत्मज्ञान का मार्ग प्रशस्त हुआ और वह बेझिझक साहस व निडरता से इस मार्ग पर कदम पर कदम आगे बढ़ती रही। उनके मार्ग में भी कभी कठिनाइयां कम न थी। समाज ने कदम-कदम पर उनकी राह में काँटे बिछाए, पर गुरू के आर्शीवाद से ये सब काँटे भी फूल बन गए। उनका निरन्तर भजन, उनकी प्रेममयी साधना फलीभूत हुई और वह सदा-सदा के लिए सशरीर कृष्ण में समा गई और पूर्णता को प्राप्त हुई।

फिर बात चाहे भक्त ध्रुव की हो या भक्त प्रहलाद की, इन बालकों के गुरू नारद मुनि बने जिन्होंने इनको मंत्र-दीक्षा व आध्यात्मिक ज्ञान प्रदान किया जिससे आगे चलकर इन बालकों को अपनी साधना और विश्वास के बल पर भगवान नारायण के दर्शन, कृपा व आर्शीवाद मिला।

जितने भी महापुरूष इस धरा पर अवतरित हुए हैं उन्होंने भी इस गुरू प्रथा का पालन किया है। फिर हम जैसे साधारण मनुष्यों की तो बात

ही क्या है। आदि शंकराचार्य जो भगवान शिव के अवतार माने जाते हैं और जिन्होंनें अद्वैत-वेदान्त के माध्यम से भारतीय दर्शन को विश्व में स्थापित किया, उन्होंनें भी सबसे पहले गुरू धारण किए। उनके गुरू का नाम था --- गोविन्द पाद। परमसन्त कबीर साहिब जी, जो निर्गुण-निराकार भक्ति के प्रचारक रहे व जिनकी शिक्षाओं ने भक्ति मार्ग में एक गहरा आन्दोलन खड़ा किया, वो भी स्वँय पारब्रहम स्वरूप होते हुए गुरू प्रथा से वंचित न रहे और अपने पूर्ण स्वरूप को पाने की सीढ़ी में एक पग पीछे खड़े रहकर सन्त रविदास जी से गुरू दीक्षा ग्रहण की। तत्पश्चात इस एक पग की यात्रा को पूर्ण करके स्वयँ पूर्णता को प्राप्त हुए। उनकी महान रचनाएँ पवित्र श्री गुरू ग्रँथ साहिब में भी दर्ज हैं। उन्होंने ही समस्त विश्व को यह सन्देश दिया:

"गुरू गोविन्द दोउ खड़े काके लागू पांय,

बलिहारी गुरू आपने, जिन गोविंन्द दियो दिखाये।"

कहाँ तक कहें...भगवान भी जब-जब स्वयँ इस धरती पर मनुष्य रूप में अवतार धारण करके अवतरित होते हैं तब वे स्वयँ भी गुरू दीक्षा को ग्रहण करते हैं और पूरे विश्व के सामने स्वयँ के उदाहरण द्‌वारा इस तथ्य की पुष्टि करते हैं -

"गुरू बिना गति नही!"

रामचन्द्र जी ने त्रेतायुग में जब अवतार लिया तो उनके गुरू हुए-ऋषि वशिष्ठ। श्री कृष्ण जब द्‌वापर युग में पधारे तो उनके गुरू हुए- महर्षि सांदीपान।

गुरू हमारे अंतर्मन की वो पुकार है जो एक मानव शरीर को धारण करके इस संसार में आते हैं तो केवल हमारे कल्याण के लिए। हमारी वर्षों से सोई हुई चेतना को जाग्रत करने के लिए।

अध्याय 14

दिव्य नाम का प्रताप

अब बहुत से लोगों का यह भी कहना है कि ईश्वर को पाने के लिए गुरू की क्या आवश्यकता है। ईश्वर का और हमारा तो सीधा संबंध है। आखिरकार हम उन्हीं का तो अंश हैं। या कुछ लोग ऐसा भी कहते हैं कर्म अच्छे होने चाहिए।

किसी का भी दिल मत दुखाओ, अच्छे कर्म करो, माता-पिता की सेवा करो या दीन-दुखियों की मदद करो तो ईश्वर खुद ब खुद मिल जाएगा। ऐसा सोचना बहुत ही स्वाभाविक है। मेरा खुद का भी कभी यही मानना था कि ईश्वर से ज्यादा अपना कौन है। जो हमारा ही है, हमारे ही भीतर हैं उसको पाने के लिए किसी तीसरे सहारे को क्यों अपनाएँ। मगर मेरी यह दुविधा दूर की-स्वयँ जगतजननी माँ दुर्गा ने।

"दुनिया का सबसे छोटा मगर सबसे गहरा शब्द - माँ."

ज्यादा कुछ लम्बा-चौड़ा विवरण न देते हुए केवल इतना कहूँगी कि साक्षात दुर्गा माँ ने जब स्वप्न में गुरू के महत्व को समझाया और मेरा हाथ गुरू के हाथ में थमाया तो सारे तर्क वितर्क जाते रहे। उसे और क्या प्रमाण चाहिए जिससे स्वयं भवानी ने सारे संशय हटाकर मार्गदर्शन दिया हो। और यह केवल मेरे लिए ही नही, उन सबके लिए अनिवार्य हैं जो इस मार्ग के इच्छुक हैं। जो अपने जीवन के सभी प्रश्नों को शाँत करना चाहते हैं। भीतर की गहन-शान्ति में उतरना चाहते हैं। यही ज्ञान उस देवी माँ से मुझे मिला और यही मैं सब में बाँटना चाहती हूँ। गुरू हमारे जन्मों -जन्मों के कर्म-बन्धनों की मोटी जंजीर को धीरे-धीरे नाम व ध्यान के मार्ग से काटते हैं। यह क्षमता मनुष्य में नही कि वो स्वयँ अपने कर्मजाल से मुक्त हो सके। वो तो केवल नियति के अधीन होकर दिन-प्रतिदिन, वर्ष-प्रतिवर्ष, उम्र-प्रतिउम्र, जन्म-दर-जन्म कर्मों के बन्धन में लिप्त रहता है। अच्छे या बुरे, कर्म ही बेशक जीवन का आधार हैं। कर्म करना तो अनिवार्य हैं पर उसके बन्धन से मुक्त होने की युक्ति केवल और केवल एक सद्गुरू के पास ही होती है। हमारे भीतर के हर विकार को गुरू समाप्त करते हैं। वो हमारा सुरक्षा कवच बनकर हमें हर भीतरी व बाहरी विकारों एँव संकटों से बचाते हैं। एक माँ की भाँति बड़े प्रेम से हमारा मार्गदर्शन करते हुए हमारे रास्ते को प्रशस्त करते हैं। सभी उलझनें धीरे-धीरे सुलझने लगती हैं। कहते हैं यदि पिता का प्यार अपनी सन्तान के लिए दस गुणा अधिक है तो माता का सौ-गुणा अधिक होगा। और एक गुरु का प्यार माता से भी हजार गुणा अधिक होता है। इसका प्रत्यक्ष अनुभव मैनें स्वयँ किया है।

गुरू आपके जीवन में वहाँ खड़े होगें जहाँ कोई भी नही होगा। उनके द्वारा दिया गया नाम हर स्थान पर आपका सहायी होगा। आप स्वयँ उस दिव्य नाम की शक्ति महसूस करेंगें, बशर्ते उसका निरन्तर जप करें, प्रेम व श्रद्धा से।

बहुत से लोग अपनी खुद की इच्छा से भी अपनी पसन्द के नाम का जाप करते रहते हैं। जैसे किसी को 'राम','ओम' का जाप करके अच्छा लगता है तो वह खुद की मर्जी से वही जपता रहता है। कुछ ना करने से तो यह करना बहुत अच्छा है। मगर याद रहे, जो नाम आपके गुरू द्वारा मिलता हैं, उस नाम में गुरू की अद्भुत शक्ति एँव बरकत शामिल होती है। एक सशक्त गुरू द्वारा मिले गए नाम की शक्ति कई हज़ारों गुणा बढ़ जाती है। इसे यूँ समझिए-जैसे हमें यदि दिल्ली से अहमदाबाद जाना हो तो ट्रेन की यात्रा में 16-18 घण्टे आराम से लग जाएगें। पैदल तो कई ही दिन लगेंगें। यही सफर हवाई-यात्रा करने पर एक-डेढ़ घण्टे में पूरा हो जाएगा। बस! यही फर्क हैं- गुरू द्वारा बख्शिश हुए नाम में। यह हमारी आन्तिरक यात्रा को बहुत तेजी से ऊपर की ओर ले जाता है। बाकी रफ्तार हमारी साधना की निरंतरता भी तय करती हैं और रास्ते की दूरी हमारे कर्म-बन्धनों की परतों पर भी निर्भर रहती है। हमारे कर्म केवल वर्तमान जीवन या जन्म से ही नहीं जुड़े होते बल्कि हमारी आत्मा हर जन्म में पूर्व जन्मों के संस्कारो एँव संचित कर्मों को लेकर ही आती है। तो इस प्रकार हर व्यक्ति के कर्मों का अपने-अपने हिसाब से अलग-अलग भार है। सबकी यात्रा इस प्रकार से एक दूसरे से बिल्कुल अलग है। किसी को कम समय लग सकता है तो किसी को ज्यादा। मगर कहते हैं ना, "जो चलता है, वही पहुँचता है।" समय ज्यादा लगे या

कम, चलना जरूरी है। क्योंकि देर-सवेर मँजिल तो सबकी वही एक है। बस, खुद की लगन, प्रयास, सर्मपण व विश्वास के आधार पर ही मँजिल पर पहुँचना तय होता है। बस इतना अवश्य है कि खुद से चले तो रास्ते का ठीक से ज्ञान न होने पर पहुँचने की उम्मीद बहुत कम रह जाती है, देरी भी हो जाती है। पर साथ में उसे लेकर चलें जिसे रास्ते का पूरा ज्ञान हो तो सफर जल्दी तय हो जाता है और उतनी कठिनाईयों का सामना भी नही करना पड़ता। यात्रा पूर्ण होश में की जाए और निरन्तरता भी बनी रहे तो मँजिल भी निश्चित है। यह यात्रा एक ऐसी आन्तरिक यात्रा हैं जिसमें सफर भी भीतर ही है और मंजिल भी भीतर ही है।

अध्याय 15

गुरु से गुरु तत्त्व तक

गुरू धारण करने के पश्चात् यह जरूरी नही कि साकार गुरू के पास जाकर ही हर शंका का समाधान हो सकता है, उनसे पूछकर ही साधना के दौरान मन में उठने वाले प्रश्न शाँत किए जा सकते हैं। ऐसा हो तो अच्छा है परन्तु यह भी सत्य है कि गुरू एक बार आपको अपना लें तो वह पल-पल आपके साथ होते हैं। बाहर से साधारण से लगने वाले ये नर-रूपी गुरूदेव आपको भीतर से बहुत ही असाधारण तरीके से मार्गदर्शन देना आरम्भ कर देते हैं। हर मोड़, हर परिस्थिति, हर उलझन एवँ हर प्रश्न का उत्तर वे स्वयँ किसी न किसी रूप में बाहरी या भीतरी तरीके से आप तक पहुँचा देते हैं। एक गुरू का प्रेम भरा ह्रदय ऐसा ही है। जो निष्काम भाव से अपने प्यारे शिष्य का यह लोक और परलोक (मृत्यु के बाद) दोनों ही सँवार देते हैं।

गुरू-दीक्षा या गुरू धारण करना कोई अन्धविश्वास नही है, बल्कि इस गुरू-तत्त्व के पीछे एक बहुत बड़ा विज्ञान छिपा है। परन्तु इस आन्तरिंक विज्ञान की पढ़ाई को पढने के लिए आन्तरिक यूनिवर्सिटी में दाखिला लेना होगा। जैसे गुड़ की मिठास केवल वही जान सकता है, जिसने गुड़ को चखा हो। जिसने कभी गुड़ का आस्वादन ही नही किया हो वो भला कैसे इसकी मिठास को ठीक-ठीक व्यक्त कर सकता है। इसकी मिठास का वास्तविक अनुभव तो इसको चखकर ही होगा। बस इतनी सी बात हैं। और यह सब मैं आपको अपने निजी-अनुभव से कह रही हूँ। मेरा इस किताब को लिखने का उद्देश्य कोई अपने जीवन का व्याख्यान करना या खुद की बीती बातों को सामने लाना नही, यदि ऐसा होता तो यह पुस्तक इतनी छोटी न

होकर बहुत मोटी और कई भागों का विस्तार-समूह होती। परन्तु जहाँ-जहाँ आवश्यकतानुसार गुरू तत्त्व की महानता को सामने लाने के लिए जरूरी था, वहाँ बड़ी नम्रतापूर्वक कुद्देक चन्द निज़ी अनुभव बाँटने का छोटा सा प्रयास किया है। यदि इससे किसी के भी प्रश्नों का उत्तर मिल जाए, किसी की भी गुरू तत्त्व को लेकर कैसी भी जिज्ञासा या शंका का समाधान हो जाए और आपके हृदय को अपने जीवन में उतारने लायक कोई भी बात प्रेरित कर जाए तो इस किताब को लिखना मेरे लिए सार्थक होगा। यदि इस आध्यात्मिक यात्रा को लेकर आपके मन में भी जिज्ञासा की, रूचि की कोई लहर दौड़ पड़े और रूह की कोई सोई दबी पुकार जाग्रत हो जाए तो यह मेरी सबसे बड़ी उपलब्धि होगी। बस! यदि आपके अन्दर भी स्वयँ को पाने की, ईश्वर से मिलने की तड़प है तो केवल सच्चे मन से इस आन्तरिक मार्ग पर अपनी आध्यात्मिक यात्रा को आरम्भ कीजिए।

याद रखें, आप कहीं भी हैं, मेरी शुभ कामनाएँ और दुआएँ सदा आपके साथ हैं।

॥। सर्वे भवन्तु सुखिन:॥।

- श्वेता राजपूत

"गुरु" अब प्रत्यक्ष नहीं है...

परंतु आत्मा को जाग्रत कर गये,

अब "तत्व" भीतर है!!!

इस यात्रा में आपने जो पढ़ा, वह केवल असीम
की एक झलक मात्र है।

क्रमशः मेरी अगली पुस्तक में।

– श्वेता राजपूत

Contents

English

English

"Throught this means, may you be able to unlock the mystery in the journey of Self to Divine!"

Acknowledgements

This book is dedicated to my Gurudev, who has always been with me in this life's journey and always inspires me to wish well-being and prosperity for all.

About the Author

I have been fond of writing since childhood. I have a special fondness for expressing every emotion, thought and feeling by weaving them into words.

Namastey! My name is Shweta Rajput, and I'm from Ludhiana, Punjab. (India). After graduation, I pursued interior and architectural design, handicrafts, creative skills, and life skills... and, amidst all this, marriage, a wonderful family, and two adorable children. And on this journey, along with yoga and meditation, one thing has always been with me: my passion for writing. I believe that if you want to beautifully capture the emotions and thoughts of your mind, there is no better and more impactful way than writing. It creates a unique bond between writer and reader. I hope that, through this book, some experiences from my personal life and the message hidden within them will reach you and touch your inner self.

With this hope...
Shweta Rajput

About the Book

What is a Guru (Spiritual Master)? Who is a Guru? Why a Guru? And if so, how should they be? What do Gurus ultimately do? This book answers these few but extremely important questions. In short, it unravels many deep secrets of your inner world. So, welcome to this thrilling and fascinating journey!

Chapter 01

Inquisitiveness: Inner Stirrings of Questions

The Guru Element

"What is the Guru element?"

"Why should I accept a Guru?"

"Who is a perfect Guru?"

"What is the sign of a true Guru?"

"Is it really not possible to find God without a Guru?"

All these questions must arise in the minds of countless people. They used to arise in my mind too. Whenever I heard, "There is no salvation without a Guru," the same question would arise in my mind: Is it really so necessary to have a Guru?

"O Maa! You are my everything. Since I gained consciousness in childhood, I have found you with me. Along with the love and affection of family and parents, you have nurtured me. And you continue to do so. From school to college, and even now, I share everything with you, tell you my entire daily routine, ask you about everything, even what to wear to college in the morning, I would ask you. So lovely, so complete is this world of mine–a good, prosperous family, mom-dad, a true companion in the form of an elder brother, and closest of all, you! The universal Maa, Goddess Durga herself!"

So why does this question repeatedly arise in my mind - "There is no salvation without a Guru." 'You are my Guru, Maa. You are my everything. I have learned everything from you, received everything from you. What need do I have for a mortal, body-bearing Guru when the divine power itself is with me every moment?'"

I used to keep asking this, standing for hours in front of the idol of Durga Maa in the small temple at home. And you would smile and say that the right time has not yet come. When the time comes, you will get the answer to every question. There is a fixed time for every event to happen, and in this way, this time passed in the shadow of Maa's embrace.

Chapter 02

Signs in Dreams!

"Lotus Feet, Cosmic Light...

This is where the whole universe finds shelter."

It is a great truth that if the curiosity to know the Guru element is awakening in our minds, then He himself has already chosen us somewhere or the other. We do not seek the Guru; rather, the Guru finds us and then lays the path to reach Him. Provided our curiosity is genuine and our past devotion has already set a definite path, then our deity himself shows us the path of Guru-bhakti. This curiosity of mine was also sprouting from the inspiration of the Divine Maa, and it was deepening. Then one day, suddenly, in a dream, I had a vision of a divine personality whom I had never seen before. But his smile was enough to shake my inner self. It was as if my soul had a connection with him for many lifetimes. But then, with time, life got me busy with myself.

Studies, degrees, courses, and much more continued. But the dreams also continued alongside. Where sometimes such unknown places were seen that I had never been before. Paths filled with the beauty and greenery of nature, the arrival of saints on those paths, forests filled with the cooing and dancing of peacocks, and much more.... I would ask Maa, what places are these? She would just smile and say that when the time comes, you will know for yourself.

Chapter 03

From Divine Sign to Acceptance

And one day, the time came–suddenly. Someone brought a marriage proposal for me at my home. My family liked everything very much. But I hadn't even thought about this yet. I still had to do this, and I had to do that. So I went straight to Maa with my plea. She just kept listening to me and smiling. As if she was supporting this new chapter of my life, which had already begun. At night, Maa came again in a dream, and with her was Hanuman ji. At Maa's signal, he moved towards me and asked me to extend my hand. When I extended my hand, he placed four green bangles in my hands. And the Divine Maa gave me abundant blessings, and I woke up. The very next day, his family came to my house, everyone met, and everything was decided. I too, keeping my faith and surrender to Maa, accepted this divine wish. Whatever qualities we look for in a good life partner–good and high thoughts, noble character, flawless lifestyle, unwavering faith in God, simplicity in thought, humility, generosity, and honesty- I found all this in my life partner by the immense grace of Maa. And the (twist) in the story came when, in the very first meeting, he mentioned his **SADGURUDEV**.

Chapter 04

Seeker's Growing Clarity

He told me how his whole life changed after receiving Namdan (initiation) from his Sadgurudev and walking under his guidance. A deep contentment and satisfaction entered his life. Just as a sudden gust of cool air is so pleasing to a person scorching in the hot sun, similarly, his life blossomed in His love, blessings, and guidance. For him and his family and parents, Gurudev is supreme, who has incarnated to selflessly work for the welfare of the masses. I learned that there are many types of gurus in the world, some are family gurus, some are religious gurus, some are teaching gurus, etc. But perfect gurus are few and far between in the entire creation. And our search can only be complete if the Guru is perfect. Only a perfect Guru can remove the darkness of ignorance from life. It is only under his protection and guidance that we can move towards perfection. Because one can only show the way he has reached. Only a Siddha Purush (realised soul) is capable of bringing about self-realisation. All others will leave you midway or just repeat things they have heard. But a Siddha Purush speaks from his own experience and takes you by the hand to the ultimate limit of that experience, provided you have the courage and desire to walk.

I kept listening, and he kept telling all this. A lot was going on in my mind. Now it felt as if I would find the answers to all my questions. This was the kind of company I was about to get.

Chapter 05

A Divine Encounter

And then, the next morning after that first meeting, I found out that in two days, a very accomplished and very close Mahatma of their Sadgurudev was coming to our city from their main ashram (Shri Anandpur Dham), which is located in Madhya Pradesh. His family's happiness knew no bounds. They were all very closely associated with that Mahatma Ji. About that divine saint, Gurudev himself used to say, "He resides in our heart. There is no difference between him and me." Seeing all this, his family told my parents, "Why not move forward with this important decision in the children's lives in the presence of that Mahatma Ji himself after two days, with his blessings?" My family also agreed. When everything was decided, two days later, when we had the darshan (sighting) of the Shri Murti (idol) in the Shri-Mandir located in the ashram, I was stunned to see his form.

'Oh! This is the same divine man who came in my dream! The one who gave his blessings with a loving smile.' Everything started to feel known and familiar, as if the dormant stars within the soul had started twinkling again. I just kept gazing at that form, transfixed. My inner mind was saying many things to that Shri Murti.

But I couldn't say anything to anyone. Then suddenly, a voice came from behind, "Come inside." In the room, Mahatma Ji was calling everyone. Inside, in a small room, a complete yogi, a great saint, was seated in a posture, adorned with his full divinity, as if he had set up a market of benevolence and was saying, "Come! You too surrender your ego and loot the true wealth." He was showing the way to the house of that Supreme Father, as if he was sitting in the dark cell-like world, having lit the lamp of Naam and Satsang–that great yogi. That great ascetic! That living embodiment of renunciation – the most revered Shri Bade Mahatma Ji (whom everyone lovingly called by this name).

Chapter 06

The Glory of Satsang

And then, with His blessings, a new and important chapter of my life began. I got married, found a very good Satsangi (spiritually inclined) family where saints and sages also visited frequently.

Then, after hearing the glory of the Name from the mouths of the saints and receiving the inner inspiration of the Divine Maa, I too received the nectar-like Name. And believe me, as I continued to walk on the path shown by Gurudev, my heart was filled with joy and peace.

My new family had a rule that every Sunday, everyone would go to the ashram to listen to Satsang (spiritual discourse). I also naturally started going with them. The main head of the ashram served the daily Satsang. There was a unique flavour in the Satsang conducted by him. In this way, the impact of Satsang continued to fall on my life. The family members had a close personal relationship with him, which is why I also received his constant company. The amount of dedication, discipline, devotion, and firm resolve he had towards his sadhana (spiritual practice) was very commendable and worthy of emulation for someone in a householder's life. His passion, devotion, and the grace of the Guru had taken him very far on this path. And his ideals also inspired me a lot. The spiritual discussions held with him and with seekers of similar views, and the Satsang of the saints, acted like adding ghee to a fire. Naturally, the longing for knowledge and devotion that had been suppressed within for lifetimes began to awaken.

Bade Mahatma Ji often used to say - wherever there is Satsang, no matter which great soul it is, no matter which religion or community, you should run to it. Satsang only connects you with the truth, which is eternal and permanent, which has no religion but from which all religions are born. Therefore, do not delay, run. Listen to that Satsang attentively, internalise it, understand it, and apply it in your life. Then see what you get. What is life? Why is it? All this will be understood. Along with this, never forget your real work–the earning of Naam (Name) and Shabd (Word), which is the most important. That Name, which is received from a perfect Guru, the journey will begin from there. The event will happen from there.

This is the only truth that our history, great souls, and incarnations have proven and continue to prove for ages.

The Vedas, Puranas, and Bhagavatam, as well as great scriptures, have also confirmed this fact. In Satyug, spiritual practices were done through very difficult penance as a means to attain God. In Treta Yug, the emphasis was on yajna karma (sacrificial rituals). In Dvapara Yug, puja-archana (worship) and bhakti (devotion) were the supreme means. In Kaliyug, due to the shortening of human lifespan and the inability to perform such difficult penance, Naam-Jap (chanting the Name) has been considered the greatest and best means.

Lord Shri Krishna in the Gita has described Nishkam Karma Yoga (selfless action) and Hari Naam Sankirtan (congregational chanting of the Lord's name) as the main means for attaining God in Kaliyug. Especially in Chapter 4, Shloka 34, Shri Krishna has given supreme importance to the Guru as the one who dispels the darkness of ignorance and guides towards the truth. He himself has said that one should acquire knowledge by approaching a genuine Guru with humility, by asking questions, and by serving, because only a self-realised Guru can make one see the truth and show the path to God-realisation.

In this way, the Guru is considered equal to God himself.

Chapter 07

The Power of Thoughts

But the question arises as to what one should ask from the Guru. Now, people do accept a Guru, but they also expect worldly demands from the Guru. They ask the Guru that our business should do well, we should get wealth, we should have children, our children should get married, etc. If we expect the fulfilment of worldly desires from a spiritual Guru, it is exactly like going to a jeweller and desiring onions and tomatoes instead of diamonds or gold, or insisting on lighting a lamp by going to the sun. In this way, we can never attain the complete company of a perfect Guru. The Guru is there to give us the priceless gem of knowledge and devotion, which cannot be compared to any gem or jewel in the world. We should ask him for that rarest thing which can only be obtained from him, with a true and humble heart. Now, many people accept a Guru but do not walk on the path shown by the Guru. The Guru shows us the path on which we ourselves have to walk. Just as rain falls equally on everyone, but water stays only where there is depth. Similarly, the Guru's grace depends on the disciple's eligibility. The bigger the vessel, the greater the grace. His compassion rains equally on everyone, but how many souls are eager to get drenched is a matter of consideration. There is no place for deceit, fraud, and cunning on this path. A capable Guru is one who, upon coming before you, knows everything about you without you saying anything, but He says nothing. He accepts everyone. No matter how impure the soul is, its salvation by the Guru is certain.

I will tell you a true incident. One day, a large congregation had gathered in our Gurudev's court (in M.P.) for darshan. Everyone was standing in a queue for his darshan. As soon as a gentleman came forward to bow his head, Gurudev asked him, "Do you perform the ritual of aarti and puja daily?"

So he said, "No, Swami ji. This line, which is to be spoken in the aarti, stops me.

'Aarti layak so jan, jo hain shuddh mann ke.'"

Meaning, only the one whose mind is pure is worthy of performing aarti. And my mind is not pure; it has countless impurities hidden in it. I do not consider myself worthy of it.

At this, Gurudev smiled and said, "You have not understood its correct meaning. The rules set by a Guru are made so that the disciple's mind can be purified by their conduct. Just as a body covered in mud or dirt does not become clean until it is washed by scrubbing with soap. If someone says that my body is dirty, if I apply soap, the soap will become dirty, then what kind of talk is that?"

The function of soap is to clean the body. Similarly, the soul and mind are purified by the name given by the Guru through the prescribed path and rules. Naturally, the dirt of sinful deeds from many births of the seeker gets washed away, and he moves swiftly towards his destination. Perform aarti, puja, and other rituals with a sincere heart and faith without hesitation. This will surely bring you welfare."

Chapter 08

Inner Science

The Guru is not an external subject. The Guru lights the lamp of knowledge within us. As the seeker's maturity grows, this lamp, being self-luminous, illuminates the entire path. The Guru connects us to our own self. He unites us with the Shiva element within us. Since this inner journey is filled with deep darkness, the possibility of getting lost due to not seeing the path is very high. The Guru is that beacon of light who is self-illuminated and is also capable of illuminating the lamp within us.

The arrangement of God and nature is very wonderful. Every event happens at its own time. Nature has hidden countless deep secrets within itself. The answer to every question of the universe is contained within nature. And all this nature is within us. The person who connects with this wonderful creation of God, establishes a natural love for nature, sits in nature with a calm mind alone, and deep experiences begin to descend within him. The deepest aspect of that divine entity connects him with his own existence.

Then, in the land of his heart, the search for his existence, the seed of the question to know the reason for his being, begins to sprout. Some seeds remain suppressed under the influence of karma, waiting to sprout. And some, after years, as a result of accumulated meritorious deeds and divine grace, this seed is made to sprout with the manure of good thoughts, good deeds, and Satsang. Then this plant flourishes under the care of the Guru-like gardener. And then, under the protection of its master, that plant becomes a huge, powerful tree. Then, when fruits and flowers bloom on that tree, the gardener is happier than the tree itself, who gave the right direction to that seed. And now that tree also serves all of humanity with its shade and flowers. The meaning is that in the same way, if this question starts bubbling inside a person, who he really is and why he has come into this world, who is God, where is he... then understand that the seed of knowing this knowledge has also sprouted inside him and he has turned towards his existence, towards his inner self. But it is still dark inside. In this darkness, only that path can be shown by the one who has himself lit the lamp within. And this work can only be done by a perfect saint-sadguru of the time.

Like a gardener, the Guru also takes care of his disciple in every way during their spiritual journey, provided the disciple also walks on the path shown by him with full faith. And in this way, by continuously walking, when maturity starts to come in the disciple, then as a result of his tireless sadhana and the Guru's grace, one day it suddenly happens, the biggest event of creation -

Self-Realisation

The journey from seeking to seeing...

"I am the seer, the seeing and the seen."

Now, inside the disciple, that self-luminous lamp begins to burn, in whose light he sees everything clearly. Now all his questions, all his curiosities are calmed, and what descends within is a deep peace-a state of supreme silence, a state of profound bliss, which is indescribable, ineffable. Now the disciple's state of mind is just like that powerful tree which, now with its strong roots planted in the earth, stands tall, touching the sky, capable of facing every storm and tempest.

Now, believe me, for that Guru too, there is no greater reason for joy, for celebration, than when his disciple has also attained perfection. At that moment, the entire creation becomes engrossed in dance, it is celebrated in all three worlds. But this event takes many births to happen because those who attain this event are very rare.

That's it! Once a fully capable Guru holds the disciple's hand and the disciple walks with complete devotion, only then does this great spiritual journey proceed.

Suppose this journey has covered a certain path in one lifetime, then in the next lifetime, this journey starts again from there. And this cycle continues until our journey is complete ...... until we become complete.

But we all get so entangled in our society, in our home-family, in worldly affairs, that we forget what our real work is. And most of the time is wasted just like that.

Chapter 09

The Expansion of the Inner Journey

My Gurudev often used to say, "Do all the work of the world, fulfil your every duty. Just stay connected with Naam Abhyas (practice of the Name) and Satsang regularly. Maintain a balance in your inner and outer world. While fulfilling all your duties towards the world, do not forget this duty towards yourself at all. Your welfare lies in this. Life itself will become balanced. The person who fulfils this responsibility towards himself perfectly, not only does he achieve his own welfare, but he also becomes the cause of the welfare of all humanity."

Of course, this path is not that easy. As they say - 'Only a rare few pass through the lane of love (for God).'

The illusion created by God himself blocks the path; many difficulties, confusions, problems, obstacles, laziness, negligence, and worldly tendencies are created to test us. In this, the strength of most people wanes. But if the love for God is true, the passion to meet is intense, and one is continuously walking on the path shown by their Guru with full faith and devotion, then Maya also bows down. Now, the courage to do all this is shown by that rare soul in whom विवेक (discernment) has awakened. Then his Gurudev takes all his responsibilities on his own strong shoulders and one day brings him to that door, entry into which is your only goal. Now, from the deep peace within, it manifests itself–Naad! The divine Anhad-Naad! The divine light! You see your true form clearly. Now the thin wall between God and you also falls. And you become speechless. Because what you are seeing cannot be described in words. What you are hearing cannot be told to anyone, what you are experiencing cannot be shared with anyone. This supreme bliss can only be internalised. It cannot be distributed. This is an experience that everyone has to do for their own share. Because everyone's journey is not the same, the experiences will not be the same either. However, the destination is surely one but in different forms.

In this profound experience, there is a new flavour every day in the flow of supreme peace, a festival that keeps going on continuously. This is the dance in which the flow of our Shiva-like consciousness always wants to flow.

"Two bodies, one soul, one eternal dance."

This is the Rasleela (divine play) of the sweet union of the soul and the Supreme Soul, which the whole world sees as the culmination of the supreme, blissful love of RADHA-KRISHNA. In which the full moon of Sharad Purnima reflects the perfection of your own radiant love.

All these are external signs of nature that we receive directly when we go within. When we experience the sunrise of devotion within us, we gradually find that this moon, sun, nature, light, these constellations, the seven colours of the rainbow, the entire universe awakens within.

Chapter 10

When Love Becomes Sadhana

Love is essential in sadhana. Because all these experiences happen to seekers on the spiritual path according to the purity and culmination of their love. And in this stream, when the water-like surati (consciousness) flows downwards (towards the world), it is dhara (stream), and when it flows upwards (towards God), it is Radha.

It is a very deep truth that if love reaches that culmination where its 'dhara becomes Radha,' then there is no need for any japa, tapa, sadhan, or niyam. The seeker's love itself shines with such perfection that every rule, every means that is made to purify everyone, they themselves feel blessed upon coming into contact with that love.

True love is that Ganga of the heart that has the power to purify everything. A pilgrimage greater than all pilgrimages–love! That's it, a heart immersed in such love cannot say anything to anyone. To whom would it speak? When the conversation is with God himself, what is there to say to anyone else now?

These are such secret spiritual experiences that are highly confidential. The disciple is forbidden by the Gurudev to reveal them to anyone. Whoever tastes this divine nectar once, loses interest in worldly matters. But a person has to do all this while living in the world. Therefore, while living in the world, fulfilling every duty with love, we have to complete this inner journey simultaneously.

Chapter 11

Depth of Experience

Now I myself have realised that yes, life is now moving on the right path, recognising its purpose. Gurudev has paved the way for the means to fulfil that purpose. I have to walk it myself. And when we walk on that path, Gurudev secretly holds our hand at every step. Not only on the inner path, but he also explains the way to do every task in the world.

"I bow down completely to my beloved Satguru,

who illuminates my heart with the light of Ram,

This is my prayer at the feet of that beloved,

O my Eternal Lord, dwell forever in my heart."

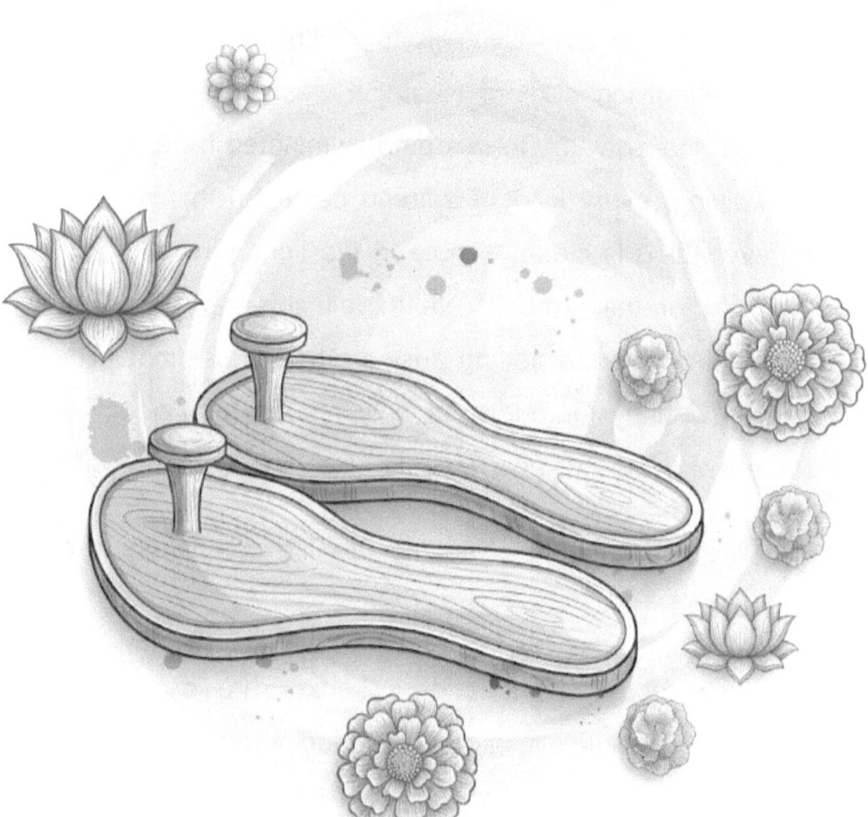

"Surrender here, blossom everywhere."

Just as with the arrival of the spring season, beauty spreads all around, neither too cold nor too hot, a new, balanced, pleasant season in which the beauty of nature is at its peak. Every creation of nature starts to sway in this spring. Similarly, in my life too, with the manifestation of the life-giving elixir of Naam, it was as if the spring season had arrived. On this path illuminated by Gurudev, by walking, every kind of autumn came to an end. Just as everything is clearly visible in the light, similarly, with the light of the lamp of Naam, all illusions started to disappear. I started getting answers to all questions. The name given by Gurudev not only creates proficiency in the art of living but also reveals all the secrets after life.

You become capable of seeing this life completely, and far beyond it.

The spiritual experiences of a seeker are determined according to their eligibility. The good fortune of touring the entire universe and visiting that transcendental world on the path of meditation can also be obtained by the grace of Gurudev. But on the path of love, the lover or devotee reaches God directly. Provided the love is true and there is an intense longing to meet God, then the cry of his heart and the tears of his eyes have the power to break down every wall in between. The play of love is the most unique, but only he can be its rightful owner, whom God himself chooses. And then he introduces that soul to true saints, to a Guru, who polishes that diamond and makes it wonderful.

But there are also many enemies on this path. Therefore, it is also very necessary to be vigilant.

(Note- A seeker or one who loves God does not consider anyone their enemy, does not hold enmity or ill-will towards anyone at any cost, but some people, due to their ignorance, certainly consider him their enemy, who themselves, according to their karmic results, suffer punishment later.)

But the biggest enemy on this path is the subtle ego. This is such an obstacle that it doesn't even let you know and slowly empties the seeker from within. In the presence of this dangerous enemy, Gurudev repeatedly explains to the disciple not to mention his personal experiences or spiritual achievements to anyone outside. This can create the seed of subtle ego inside him, and it can become the cause of his downfall. The many Riddhi-Siddhis (supernatural powers) that are met on the way can also become the cause of this ego, but a devotee is only concerned with God through devotion. He remains unaffected by all these, remains steadfast without being distracted, and continues to determine his path.

Chapter 12

From Struggle to Summit

Believe me. This is a very interesting and beautiful journey. Just as when we go for a trip to the mountains, the higher we travel, the more enchanting and beautiful scenes we get to see. Cold wind, roads covered in deep fog, sometimes mountains covered in white snow, and if by fortune we see the sun from some height, it's amazing. The joy of seeing the sunrise or sunset from the height of the mountains is something else. Only the one who sees it can feel the source of this vast light. Many of you must have felt this beautiful experience. How beautiful nature looks from a height. Now, it's also possible that many people's preference is not mountains but seashores or the greenery and freshness of lush green fields in small villages or scenic spots. But all this is nature. I also like all this very much. But I am particularly drawn to the mountains because this Himalaya is not just covered with snow or vegetation, but within it holds countless spiritual secrets! This Himalaya has given refuge to countless such great yogis, innumerable mysterious divine personalities, and hundreds of radiant ascetics who have been residing there for many, many years.

They are all secretly absorbed in their own world, that's all. They have nothing to do with the world. What can these great personalities not do if they wish? Some are even beyond the confines of time. With their great sadhana and penance, they have defied death and kept their age at bay for hundreds of years. Some for the sake of God-realisation, some for a special purpose, and some just for the salvation of the world or for the welfare of humanity, reside here secretly, absorbed in selfless sadhana. They remain content. They remain silent. Because these personalities have understood the importance of silence. The Guru does the same. He ends the noise outside and inside the disciple. And after that, silence descends from within. And in that silence, an experience of supreme peace is felt, the essence of which is obtained only by walking on the path shown by the Gurudev.

Just as while travelling in the mountains, the higher we go, the more we witness grand and divine scenes. In exactly the same way, this is the inner journey. The deeper we go into meditation, the higher our consciousness will rise, and we will have equally grand and divine experiences on the way.

Just as upon reaching the peak or summit of the mountains or at a very high altitude, everything below appears very small, such as houses, shops, roads, buildings, people, etc.–everything! Similarly, in the inner journey, the higher we rise, the outer world's every object, every situation, every stress starts to seem very small. The curtain on the difference between truth and falsehood, reality and illusion, begins to lift. The soul slowly begins to understand what it came to do and what it has been doing until now.

It is not at all the case that this path leads to renunciation or asceticism. Rather, a perfect Guru teaches us to perform our every task, our duty towards society and family, while living in the world, fulfilling every responsibility with love and awareness. But remember - 'with awareness'. And this 'awareness' is obtained only by walking on the spiritual path. Just as a lotus flower remains in the mud but rises upwards (upward-moving), untouched by the mud, fully bloomed. Its ability to bloom upwards without touching the mud while remaining in the mud is to attain awareness. Like this lotus flower, our Gurudev also teaches us the art of living while being in the world, and he himself takes charge of the reins of life after death.

Chapter 13

The Path of Surrender

"The greatest teaching ever given was on a battlefield. Because peace is not the absence of war, but clarity in the middle of it."

Its greatest and most noble example has been presented to the whole world by Lord Shri Krishna through the Bhagavad Gita. Through Nishkam Karma Yoga (selfless action)!!!

We should perform actions, but not with the sense of being the doer, without worrying about the fruit. This is possible only when we have complete faith in our Ishta (chosen deity) and Guru. When our every action is dedicated to Him, He Himself bears the burden of the fruit of our actions. Just as parents toss their small child up in the air. The child doesn't even know how to balance yet, but even in that velocity, he is carefree, laughs loudly because he has no fear of falling. He has full faith that his parents will catch him. Similarly, in life, our Guru's surrender should also be innocent, blameless, and spotless like that of a child's. It should not be that we deliberately do a bad deed, hurt someone's heart, or deceive someone and say that this deed is dedicated to my Guru or God; He is the master of its merits and demerits. No. Remember, if our mind is not clean and innocent like that child's, then surrender has no meaning. Surrender is called complete only when we perform every action in life with love and honesty, but with a selfless attitude, that is, without worrying about the fruit. Without bearing the burden of the desire for the fruit ourselves, considering every action as God's work, every action becomes a selfless action, and we also become free from the bondage of karma (in this, the sense of doership also goes away). That's it! While doing all this in the world, there is one responsibility that is very necessary to fulfil towards oneself. That is the journey of self-realisation. The journey of recognising and finding oneself. If a person moves forward making this goal the axis, then all other actions themselves revolve around it smoothly. We don't even realise how nature arranges for our every need. When this life is moulded according to the teachings given by the Guru, it becomes golden, and the true meaning of life begins to be understood.

Such is the greatness of the Guru that Lord Shri Krishna himself inspired his dear devotees and associates to seek the company and guidance of a worthy Guru. Who does not know Mirabai? She had unparalleled devotion and a unique love for Shri Krishna. If anyone has read the character of Mirabai, everyone knows that there was so much power in Mirabai's love, so much fire in her separation, so much strength in her call that Shri Krishna himself would appear before her in person.

"Mirabai - not a princess, not a saint, just love in human form."

Despite having such capability in devotion, Krishna inspired Mirabai to accept a Guru. Mirabai's Guru was Saint Ravidas, by whose grace the path of Mirabai's Krishna devotion and self-knowledge was paved, and she moved forward on this path step by step with courage and fearlessness. There were no fewer difficulties in her path. Society placed thorns in her path at every step, but by the Guru's blessings, all those thorns turned into flowers. Her constant bhajan, her loving sadhana, bore fruit, and she merged into Krishna with her physical body forever and attained perfection.

Then, whether it was the devotee Dhruva or the devotee Prahlada, the Guru of these children was Narada Muni, who gave them mantra-diksha (initiation) and spiritual knowledge, which later enabled these children to have the darshan, grace, and blessings of Lord Narayana on the strength of their sadhana and faith.

All the great souls who have incarnated on this earth have also followed this Guru tradition. Then what to say of ordinary humans like us? Adi Shankaracharya, who is considered an incarnation of Lord Shiva and who established Indian philosophy in the world through Advaita Vedanta, he too first accepted a Guru. His Guru's name was Govind Pad. The supreme saint Kabir Sahib Ji, who was a proponent of Nirgun-Nirakar (formless) devotion and whose teachings created a deep movement in the path of devotion, he too, being the Parbrahm (Supreme Being) himself, was not deprived of the Guru tradition and, to attain his full form, stood one step back on the ladder and took Guru Diksha from Saint Ravidas Ji. Thereafter, by completing this one-step journey, he himself attained perfection. His great compositions are also recorded in the holy Shri Guru Granth Sahib. He gave this message to the whole world:

"Guru and Govind (God) both stand before me,

whose feet should I touch? I am devoted to you, my Guru, who has shown me Govind."

What more can be said? Even God, whenever He incarnates on this earth in human form, He himself accepts Guru Diksha and, through his own example, confirms this fact before the whole world -

"There is no salvation without a Guru!"

When Shri Ramchandra Ji took incarnation in the Treta Yuga, his Guru was Rishi Vashishtha. When Shri Krishna came in the Dvapara Yuga, his Guru was Maharishi Sandipani.

The Guru is the call of our inner self that comes into this world by taking a human body only for our welfare. To awaken our consciousness that has been asleep for years.

Chapter 14

The Glory of the Sacred Name

Now, many people also say, 'What is the need for a Guru to attain God? We have a direct relationship with God. After all, we are a part of Him.' Or some people also say that one's deeds should be good.

Don't hurt anyone's heart, do good deeds, serve your parents, or help the poor and needy, and God will be found on His own. It is very natural to think this way. I myself also used to believe that who is more our own than God. He who is ours is within us; why should we rely on a third party to find Him? But my dilemma was resolved by the universal Maa, Goddess Durga herself!!!

"The Smallest word in the World, Yet the deepest - Maa."

Without going into too much detail, I will only say that when Goddess Durga herself explained the importance of the Guru in a dream and placed my hand in the Guru's hand, all arguments and counter-arguments vanished. The one whom Goddess Bhavani herself has guided by removing all doubts. And this is not just for me; it is mandatory for all those who are interested in this path. Who want to quiet all the questions of their life. Who want to descend into the deep peace within. This is the knowledge I received from that Goddess, and this is what I want to share with everyone. The Guru slowly cuts the thick chain of our karmic bonds of many births through the path of Naam and meditation. This ability is not in a human being to free himself from his web of karma. He just remains entangled in the bondage of karma, day after day, year after year, age after age, birth after birth, under the sway of destiny. Good or bad, karma is indeed the basis of life. It is mandatory to perform karma, but the trick to get free from its bondage is only and only with a Sadguru. The Guru eliminates every vice within us. He becomes our shield and protects us from every internal and external vice and crisis. He guides us with great love like a mother and paves our way. All confusion slowly begins to resolve. It is said that if a father's love for his child is ten times more, then a mother's will be a hundred times more. And a Guru's love is a thousand times more than mother's. I have experienced this directly myself.

The Guru will stand with you in your life where no one else will. The name given by him will be your support everywhere. You yourself will feel the power of that divine name, provided you chant it continuously, with love and faith.

Many people also keep chanting a name of their choice out of their own will. For example, if someone likes chanting 'Ram', 'Om', they keep chanting it of their own accord. It is much better to do this than to do nothing. But remember, the name you receive from your Guru contains the Guru's amazing power and blessings. The power of a name received from a powerful Guru increases many thousands of times. Understand it like this–if we have to go from Delhi to Ahmedabad, the train journey will comfortably take 16-18 hours. On foot, it will take many days. The same journey by air will be completed in an hour and a half. That's it! This is the difference–in the name blessed by the Guru. It takes our inner journey upwards very quickly. The rest of the speed is also determined by the consistency of our sadhana, and the distance of the path also depends on the layers of our karmic bonds. Our karma is not just connected to our present life or birth, but our soul comes with the impressions and accumulated karma of previous births in every birth. So, in this way, every person's karma has its own different weight. Everyone's journey is thus completely different from each other. It may take less time for some and more for others. But as they say, "He who walks, reaches." Whether it takes more time or less, it is necessary to walk. Because sooner or later, the destination is the same for everyone. That's it, based on one's own dedication, effort, surrender, and faith, reaching the destination is certain. It is just that if you walk by yourself, the chances of reaching are very low due to not knowing the path correctly, and it also gets delayed. But if you travel with someone who has complete knowledge of the path, the journey is completed quickly, and you don't have to face as many difficulties. If the journey is done with full awareness and consistency is maintained, then the destination is also certain. This journey is such a journey in which the inner journey is also within, and the destination is also within.

Chapter 15

From Guru to Guru Tattva

After accepting a Guru, it is not necessary that every doubt can be resolved only by going to the physical Guru, that questions arising in the mind during sadhana can be calmed only by asking them. If this happens, it is good, but it is also true that once the Guru accepts you, he is with you every moment. These human-form Gurudevs, who seem ordinary from the outside, start guiding you from within in a very extraordinary way. At every turn, in every situation, in every confusion, and for every question, they themselves convey the answer to you in some form or another, either externally or internally. The love-filled heart of a Guru is just like that. Who, with a selfless attitude, improves both this world and the next (after death) for his dear disciple.

Guru Diksha or accepting a Guru is not a superstition; rather, there is a great science hidden behind this Guru element. But to study this inner science, one has to take admission in the inner university. Just as the sweetness of jaggery can only be known by one who has tasted jaggery. How can one who has never tasted jaggery experience its sweetness? He will only experience it by tasting it. It's as simple as that. And all this I am telling you is from my personal experience. The purpose of my writing this book is not to narrate my life or to bring some of my experiences to the forefront; if that were the case, this book would not have been so short but very thick and a collection of many parts. But wherever it was necessary to bring forth the greatness of the Guru element as required, there I have made a small effort to share a few personal experiences with great humility. If this answers anyone's questions, if anyone's curiosity or doubt about the Guru element is resolved, and if it inspires your heart to adopt something worthwhile in your life, then writing this book will be meaningful for me. If a wave of curiosity, of interest, arises in your mind regarding this spiritual journey, and if some dormant, suppressed call of the soul awakens, then that will be my biggest achievement. That's it! If there is a longing within you to find yourself, to meet God, then just start your spiritual journey on this inner path with a true heart.

Remember, wherever you are, my good wishes and prayers are always with you.

||| Sarve Bhavantu Sukhinah |||

- SHWETA RAJPUT

"GURU" IS NO LONGER VISIBLE NOW...

HE AWAKENED THE SOUL,

"TATTVA" IS NOW WITHIN!!!

What you have read is only a glimpse of the boundless.

The continuation awaits in my next book.

– SHWETA RAJPUT

www.ingramcontent.com/pod-product-compliance
Lightning Source LLC
LaVergne TN
LVHW090407210926
848480LV00002B/490

* 9 7 9 8 9 0 5 1 0 0 7 1 0 *